¡Hola, lectores!
Soy Cynthia Moncho Graviotto, y estoy encantada de ser la narradora de esta historia que te llevará a explorar los altibajos de la preadolescencia junto con un grupo de amigos.

Acompáñame en este viaje lleno de risas, lágrimas, amistad y descubrimientos mientras exploramos juntos los temas que enfrentan los preadolescentes en su camino hacia la madurez.

Capítulo 1
UN DÍA NORMAL

La campana sonó, marcando el final de la clase de matemáticas y el comienzo del tan esperado recreo.

Iker se levantó de su asiento con un suspiro de alivio, estirando los brazos por encima de su cabeza.

Al mirar alrededor del aula, sus ojos se posaron en sus amigos Sara, Diego, Carolina y Erik, quienes estaban conversando animadamente en un rincón.

"¡Por fin terminó esta clase aburrida!", exclamó Iker, sacudiendo su mochila y sacando un paquete de galletas.

Sara asintió con entusiasmo: "¡Sí, estoy lista para un descanso!". Diego se les unió con una sonrisa. "¿Qué planes tenéis para el recreo?".

Carolina miró a los demás con una chispa de emoción en los ojos: "¡Podríamos ir al parque y jugar al fútbol!".

Erik asintió emocionado: "¡Buena idea, Carol! ¡Vamos a demostrarles a los del otro curso quién manda en el campo de fútbol!".

Capítulo 2
COMPETENCIA AMISTOSA

El sol brillaba en el cielo azul mientras Iker, Sara, Diego, Carolina y Erik se dirigían al parque emocionados por el partido de fútbol que les esperaba al llegar. Encontraron un campo vacío y comenzaron a prepararse para el juego.

"¡Vamos a darlo todo!", exclamó Diego, poniéndose sus botines de fútbol con determinación.

Sara asintió, atando sus cordones con rapidez. "¡Sí, vamos a ganar este partido!".

El juego comenzó con entusiasmo mientras los amigos se esforzaban por marcar goles y superar sus oponentes.

Sin embargo, a medida que avanzaba el partido, comenzaron a surgir tensiones entre ellos.

"¡Diego, pásame el balón!", gritó Erik, frustrado por no recibir suficientes pases.

Diego frunció el ceño: "¡Estoy tratando, pero es difícil cuando tienes a tres jugadores encima!".

Carolina trató de calmar los ánimos: "¡Chicos, relájense! Estamos aquí para divertirnos, ¿recuerdan?".

Capítulo 3
UNIDOS EN LA AMISTAD

A medida que el partido de fútbol continuaba, las tensiones entre los amigos aumentaban. Los malentendidos y las discusiones interrumpían el juego, impidiendo que disfrutaran de la diversión que habían esperado con tanto entusiasmo.

De repente, Sara detuvo el juego, poniéndo sus manos en la cintura mientras miraba a sus amigos con determinación.

"¡Basta! Esto no es lo que esperaba de nuestro día en el parque, estamos aquí para divertirnos juntos, no para pelear".

Sus palabras resonaron en el aire y, gradualmente, los demás se dieron cuenta de la verdad en ellas.

Erik se acercó a Diego con una sonrisa: "Lo siento por presionarte tanto, amigo. Deberíamos trabajar juntos en lugar de competir entre nosotros".

Diego asintió, devolviéndole la sonrisa: "Tienes razón, juntos somos más fuertes".

Iker se acercó a Carolina y le ofreció una mano: "¿Qué dices, Carol? ¿Nos unimos al equipo y jugamos juntos?".

Carolina aceptó la mano de Iker con una sonrisa: "¡Claro! Somos amigos antes que nada".

Con los ánimos renovados y una nueva determinación, los amigos reanudaron el juego.

Esta vez, en lugar de competir entre sí, trabajaron juntos como un equipo, recordando el valor de la amistad y la importancia de apoyarse mutuamente.

Capítulo 4
LECCIONES DE AMISTAD

Los días pasaron y los amigos regresaron a su rutina escolar, pero esta vez con una perspectiva distinta sobre la importancia de la amistad y el trabajo en equipo.

En el aula se apoyaban en las tareas difíciles y se defendían unos a otros de los bravucones del colegio.

Durante el recreo, en lugar de buscar la competencia, encontraron formas de divertirse juntos, ya fuera jugando a la pelota o simplemente charlando bajo la sombra de un árbol.

En casa también se ayudaban. Cuando uno de ellos enfrentaba problemas familiares o personales, los demás estaban allí para ofrecer apoyo incondicional.

Aunque surgieron nuevos desafíos y conflictos, los amigos aprendieron a resolverlos juntos, recordando siempre las lecciones de amistad que habían aprendido en el campo de fútbol.

Capítulo 5
EL DESAFÍO DEL PROYECTO ESCOLAR

Un día, la profesora anunció un proyecto escolar que requería que los estudiantes trabajaran en equipos para investigar y presentar un tema de interés.

Iker, Sara, Diego, Carolina y Erik se emocionaron ante la idea de trabajar juntos nuevamente.

Diego quería investigar sobre el espacio, mientras que Sara prefería explorar la historia antigua.

Las discusiones se intensificaron y amenazaron con dividir el grupo. Pero en lugar de dejar que los conflictos los separaran, los amigos volvieron a recordar las lecciones que habían aprendido.

Se sentaron juntos y discutieron sus diferencias de manera respetuosa. Hasta que encontraron un tema que a todos les interesaba: la conservación del medio ambiente.

Trabajaron juntos en la investigación, compartiendo ideas en cada paso del proceso.

Al final, su presentación fue un éxito y recibieron elogios de la profesora y de sus compañeros de clase.

Más importante aún, fortalecieron su amistad y demostraron, una vez más, que juntos pueden superar cualquier desafío que se les presente.

Capítulo 6
EL NUEVO ESTUDIANTE

Mientras los amigos estaban en el almuerzo en la cafetería de la escuela, vieron a un nuevo estudiante llamado Enzo que al principio parecía amigable, pero pronto empezó a molestar a Sara, burlándose de ella. La empujaba en el patio y se burlaba de ella en clase, llegando a intimidarla.

Sara se sentía cada vez más triste y asustada, no sabía qué hacer.

Iker, Diego, Carolina y Erik notaron el cambio en su amiga y decidieron actuar. Se reunieron en secreto y planearon una forma de ayudarla.

Se acercaron a ella y le ofrecieron su ayuda. Juntos idearon un plan para detener el acoso de Sara.

Un día, cuando Enzo comenzó a molestar a Sara nuevamente, Iker, Carol, Diego y Erik intervinieron valientemente. Con palabras firmes pero amables, le explicaron a Enzo que su comportamiento no estaba bien y que lastimaba a su amiga Sara. Enzo, sorprendido por la firmeza y unidad de los cinco amigos, se disculpó sinceramente.

Desde ese día, Enzo, Iker, Sara, Diego, Carol y Erik se convirtieron en un equipo inseparable.

Aprendieron que juntos podían superar cualquier desafío, incluso el acoso escolar, con amor, apoyo y amistad. Y así, la escuela se convirtió en un lugar donde todos eran bienvenidos y respetados.

Capítulo 7
LA FUERZA DE LA AMISTAD

A medida que pasaban los días, la amistad entre ellos se fortalecía cada vez más. Se apoyaban mutuamente en los momentos difíciles y celebraban juntos los momentos de felicidad y éxito.

Cuando Iker enfrentó problemas en casa, sus amigos estuvieron allí para consolarlo y ofrecerle su apoyo incondicional. Lo alertaron a seguir adelante y lo ayudaron a encontrar soluciones a sus problemas.

Cuando Sara enfrentó dificultades en la escuela, los demás se unieron para ayudarla a superar los obstáculos y alcanzar sus metas juntos; trabajaron en equipo y demostraron que la verdadera amistad puede superar cualquier desafío.

Cuando Diego tuvo una lesión jugando al fútbol, sus amigos lo acompañaron al hospital y estuvieron a su lado durante su recuperación. Le levantaron el ánimo y lo ayudaron a mantener una actitud positiva mientras se recuperaba.

Y cuando Carolina ganó un premio en un concurso de escritura, sus amigos estuvieron allí para celebrar con ella y compartir su alegría. Se enorgullecieron de sus logros y la animaron a seguir persiguiendo sus sueños.

A través de esos momentos y muchos otros, nuestros amigos demostraron que la amistad verdadera es una fuerza poderosa que puede superar cualquier obstáculo y traer alegría, apoyo y amor a la vida de quienes la comparten.

Capítulo 8
LAS PRESIONES DE LA SOCIEDAD

En la preadolescencia comenzaron a sentir la presión de la sociedad en diferentes aspectos de sus vidas.

Iker se encontró luchando por encajar en ciertos grupos en la escuela. Se sentía presionado para actuar de cierta manera y seguir las tendencias de moda para ser aceptado por sus compañeros.

Sara se enfrentó a la presión de tener éxito académicamente. Se esforzaba por mantener altas calificaciones y participar en actividades extracurriculares, pero a veces se sentía abrumada por las expectativas de sus padres y profesores.

Diego se encontraba atrapado entre la presión de ser popular y la necesidad de ser fiel a sí mismo. A menudo se sentía tentado a seguir a la multitud; incluso, cuando sabía que no estaba bien.

Carolina se enfrentaba a la presión de cumplir con ciertas expectativas de género. A veces se sentía limitada por las ideas tradicionales sobre lo que se esperaba de una niña y deseaba tener la libertad de ser ella misma, sin juicios ni estereotipos.

Erik se enfrentaba a la presión de conformarse con la imagen ideal de masculinidad.

A menudo se sentía inseguro sobre su apariencia física y su comportamiento, temiendo que no fuera lo suficientemente "masculino" según los estándares de la sociedad.

A través de estas experiencias compartidas, aprendieron a enfrentar y a desafiar las presiones de la sociedad, encontrando la fuerza para ser fieles a sí mismos y vivir sus vidas de la manera que elijan, sin importar lo que digan los demás.

Capítulo 9
ENFRENTANDO LAS PRESIONES

Las presiones sociales aumentaban, nuestros amigos se dieron cuenta de que necesitaban apoyarse para enfrentar estos desafíos juntos.

Se reunieron para discutir cómo podrían lidiar con las presiones de la sociedad, decidieron que lo más importante era apoyarse, y recordarse unos a otros que eran valiosos y dignos de amor y respeto, independientemente de lo que la sociedad pensara.

Comenzaron a practicar la autoaceptación y la autoafirmación, recordándose a sí mismos que eran únicos y especiales tal y como eran.

Se enfrentaron a las presiones sociales con valentía y determinación, desafiando los estereotipos y las expectativas injustas que la sociedad les imponía.

Capítulo 10
APRENDIENDO A COMUNICARSE

Nuestros amigos enfrentaban desafíos y conflictos en sus vidas, pero descubrieron la importancia de la comunicación abierta y honesta.

Aprendieron a expresar sus sentimientos y preocupaciones de manera clara y respetuosa, escuchando activamente a los demás y mostrando empatía hacia sus puntos de vista.

Cuando surgían conflictos entre ellos, se comprometían a resolverlos de manera constructiva, buscando soluciones juntos y encontrando un terreno común en el que todos se sintieran comprendidos y valorados.

Descubrieron que la comunicación efectiva era clave para mantener relaciones saludables y fuertes, y se comprometieron a practicarla en todas las áreas de sus vidas.

Capítulo 11
RESOLVIENDO CONFLICTOS

Iker, Sara, Diego, Carolina, Erik y Enzo aprendieron a resolver conflictos de manera pacífica y constructiva.

Identificaban las causas de los conflictos y los abordaban de manera abierta y directa sin culpar a los demás.

Practicaron técnicas de resolución de conflictos, como el compromiso, la negociación y el perdón, y descubrieron

que podían superar cualquier obstáculo cuando trabajaban juntos como equipo.

A través de sus experiencias, nuestros amigos fortalecieron sus relaciones y demostraron que la amistad verdadera puede superar cualquier desafío que se les presentara.

Capítulo 12
DESCUBRIENDO QUIÉNES SOMOS

Mientras continuaban su viaje por la preadolescencia, se encontraron reflexionando sobre quiénes eran y qué querían ser en la vida.

Comenzaron a explorar pasiones y talentos, descubriendo nuevas actividades que los llenaban de alegría y satisfacción.

Aprendieron a aceptar y a amar sus fortalezas y debilidades, reconociendo que nadie es perfecto y que está bien tener imperfecciones.

Descubrieron la importancia de la autoaceptación del amor propio, reconociendo que la verdadera felicidad viene de dentro y que no necesitan la aprobación de los demás para sentirse valiosos.

Capítulo 13
MIRANDO HACIA EL FUTURO

Después de enfrentar tantos desafíos y crecer juntos como amigos, nuestros protagonistas se encontraron mirando hacia el futuro, con esperanza y determinación.

Reflexionaron sobre todo lo que habían aprendido y experimentado a lo largo de su viaje por la preadolescencia, y se dieron cuenta de lo mucho que habían crecido y cambiado desde que se conocieron.

Se comprometieron a seguir adelante con valentía y optimismo, enfrentando los desafíos que el futuro les deparaba con confianza y determinación.

Prometieron mantenerse unidos como amigos, apoyándose en cada paso del camino y recordándose siempre que juntos pueden con todo.

Con una sonrisa en sus rostros y el corazón lleno de esperanza, se despidieron del pasado y miraron hacia un futuro lleno de posibilidades y aventuras.

©Cynthia Moncho Graviotto (de la obra)
©Apuleyo Ediciones (de esta edición)
Primera edición en Apuleyo Ediciones: octubre 2024
Diseño de cubierta: Ernesto Pérez Martínez
Corrección: Aitor Andreu Guerrero
Maquetación: Sofía Corzo González
Ilustraciones: Ana Santiago Clemente

Coordinación editorial: Isidoro Cidre González
info@apuleyoediciones.com
www.apuleyoediciones.com
ISBN: 978-84-1060-311-0
Depósito legal: H 344-2024

Hecho e impreso en España.

CYNTHIA MONCHO GRAVIOTTO

APULEYO EDICIONES   FOMENTO DE VALORES   CUENTOS ILUSTRADOS

CRECIENDO JUNTOS

APULEYO EDICIONES   FOMENTO DE VALORES   CUENTOS ILUSTRADOS